L'ORFEVRERIE

RELIGIEUSE LYONNAISE

à l'expofition de 1867

EXPOSITION DE M. ARMAND-CALLIAT

LYON

IMPRIMERIE LOUIS PERRIN

1867

L'ORFEVRERIE RELIGIEUSE LYONNAISE

A L'EXPOSITION DE 1867.

L'ORFEVRERIE

RELIGIEUSE LYONNAISE

à l'expofition de 1867

EXPOSITION DE M. ARMAND-CALLIAT

LYON

IMPRIMERIE LOUIS PERRIN

1867

I

L'ORFEVRERIE DE LYON

EN 1867

EXPOSITION DE M. ARMAND-CALLIAT

OLONTIERS on croit que la fabrication des étoffes de foie eft à Lyon l'unique induftrie fe rattachant aux beaux-arts. Cependant, les aptitudes de l'artifte & de l'ouvrier s'y font développées fous toutes les formes, dans tous les temps. Sans parler de fon imprimerie, célèbre dès le xviᵉ fiècle, encore au premier rang maintenant, fous l'impulfion du regretté Louis Perrin, — l'orfévrerie y a une haute antiquité, que M. Natalis Rondot, dans fa belle

étude fur les arts induſtriels à Lyon, fait remonter juſqu'à la domination romaine. Si l'orfévrerie lyonnaiſe n'a pas toujours jeté un éclat égal, il n'eſt pas moins vrai que, avec des chances diverſes, elle n'a jamais ceſſé d'exiſter, & qu'aujourd'hui ſon importance réelle, progreſſive, ne ſaurait être méconnue.

Plus loin, nous dirons ce que nous ſavons de ce paſſé glorieux. Nous avons hâte d'indiquer la ſituation actuelle, & d'établir que, ſi Lyon eſt loin d'être un Birmingham oppoſant ſes produits à ceux de la Capitale, lui rendant le ſtimulant qu'elle en reçoit, du moins ſon orfévrerie religieuſe, ſa bijouterie, ſa joaillerie, ſes bronzes d'égliſe, y tiennent déjà une place plus large qu'on ne le ſuppoſe généralement.

En ce qui concerne la maiſon Armand-Calliat, fondée en 1820, par feu M. Calliat, dirigée depuis 1853 par M. Armand-Calliat, elle a acquis une notoriété qu'elle peut conſtater ſans vanité puérile. Son perſonnel eſt nombreux, bien qu'elle ſe ſoit bornée, juſqu'à préſent, à la ſeule orfévrerie d'égliſe, à l'excluſion des bronzes, qu'elle n'exécute que ſur commande ſpéciale, & auxquels elle laiſſe le caractère de l'orfévrerie, comme on le peut voir aux quelques pièces de ce genre qui figurent dans ſa vitrine à l'Expoſition univerſelle. Ses produits pénètrent dans tous les pays catholiques. Les modèles qu'elle ſoumet à la haute appréciation du Jury international témoignent, au moins, de ſon ardent déſir de bien faire, & ils affirment auſſi ſa conſtante préoccupation de puiſer aux ſources pures de l'art chrétien, en évitant les copies ſerviles. Arrivée tard aux Expoſitions, puiſqu'elle y a pris part pour la première fois à Londres, en 1862, elle a obtenu du

premier coup la plus haute des récompenfes, — la médaille
accordée à l'excellence de fes travaux. En 1865, à l'expofition de Porto (Portugal), elle a reçu la grande médaille
d'honneur, récompenfe que S. M. le roi Don Luis a daigné
rehauffer encore, en y ajoutant la décoration de l'ordre
du Chrift. L'exiftence de l'orfévrerie lyonnaife eft donc un
fait acquis. Puiffent ces fuccès être le point de départ d'une
véritable renaiffance de l'ancienne *école* de Lyon, dernière
furvivante des belles orfévreries de province qui, de Montpellier, d'Amiens, de Troyes, de Rouen, de Bourges,
de Nancy, du Puy-en-Velay, luttaient autrefois avec
Paris.

Ces réfultats, la maifon Armand-Calliat ne les doit pas
feulement à fa perféverance & à la collaboration d'artiftes
éminents; une partie de l'honneur en revient à fes ouvriers,
prefque tous fes apprentis, dévoués, quelques-uns depuis
trente ans, à l'œuvre commune. Ainfi qu'elle le difait déjà
au Jury de 1862, ils ne le cèdent en rien à ceux que l'orfévrerie d'églife emploie à Paris, où l'ouvrier qui cifèle des
vafes facrés eft fouvent un transfuge de l'art profane, voué
accidentellement, & non fans regrets, à l'art religieux.
A Lyon, deftiné uniquement à l'orfévrerie d'églife, l'ouvrier
borne là fon ambition, & y acquiert une habileté fpéciale.
Pourquoi ne dirions-nous pas que ces longs rapports ont
porté leurs fruits? Dans une période de quinze années, les
ouvriers de la maifon Armand-Calliat, qui travaillent à la
journée, n'ont jamais chômé. Certes, il en a coûté, quelquefois, pour maintenir ce travail que les affaires ne donnaient pas; mais, en revanche, aux heures meilleures, ils
n'ont pas refufé leurs veilles, & c'eft furtout cette folidarité
fympathique qui a permis à la maifon d'exécuter en peu

de temps, malgré les foins qu'elles exigeaient, les pièces nouvelles qui compofent fon expofition.

Entre autres pièces importantes forties des ateliers de la maifon Armand-Calliat, nous citerons : la chapelle complète de la nouvelle églife catholique de Genève, dont la valeur dépaffe 50,000 francs ; la croffe offerte à Mgr Mermillod, évêque d'Hébron ; l'oftenfoir d'Ecully ; les oftenfoirs de l'Immaculée-Conception & de Saint-Bonaventure de Lyon ; celui de Notre-Dame de la Garde, pièce capitale de fon expofition ; le reliquaire de Sainte-Marthe, à Tarafcon ; divers objets fort remarqués, livrés aux R. P. de Galashiels (Ecoffe), au R. P. Hermann, à Londres ; &, plus récemment, l'oftenfoir aux Evangéliftes, fans rayons, livré à York (Angleterre), dont la réduction figure auffi dans fa vitrine. Enfin, c'eft à la maifon Armand-Calliat que S. M. l'Empereur Napoléon III a confié l'exécution de l'oftenfoir offert à Mgr de Saint-Jean-de-Maurienne, pièce que M. l'abbé Corblet, dans fa *Revue de l'art chrétien*, proclame un chef-d'œuvre digne des plus belles époques. Cette diftinction flatteufe, venue de fi haut à l'orfévrerie de Province, n'eft-elle pas, pour ainfi dire, la confécration de fa notoriété ?

Mais la maifon Armand-Calliat n'eft pas feule à Lyon : elle appartient à un groupe important. Outre les trois maifons qui fabriquent avec elle l'orfévrerie religieufe, elle touche, par la nature de fon travail, à la bijouterie & à la joaillerie, ainfi qu'à la fabrication des bronzes, — induftrie qu'une claffification logique a dû féparer au palais du Champ de Mars, mais que l'ufage réunit fouvent dans la même maifon.

L'orfévrerie à Lyon traite à peu près exclufivement le vafe facré. L'ouvrage de table n'y eft fait qu'exceptionnellement. Elle occupe environ cent-vingt ouvriers; ses produits atteignent 800,000 francs, & s'écoulent en France, en Suisse, en Espagne, &, par intermittence, en Amérique.

Plus importante de beaucoup, est la bijouterie-joaillerie, qui compte à Lyon vingt maisons, occupant environ quatre cents ouvriers, dont la production annuelle s'élève à près de 3,000,000. Ajoutons que ce chiffre doit se doubler à la vente, au moyen de pierres précieuses & de divers accessoires qu'elle tire du dehors pour les monter. Elle s'applique plus particulièrement aux objets d'une exécution courante, & son entente de la fabrication est telle, que le bon marché de ses articles, malgré l'élévation des salaires, défie toute concurrence. Quelques maisons, cependant, y exécutent la *fantaisie* avec succès, & l'une d'elles s'est fait une spécialité de bijoux antiques, fort appréciés des connaisseurs. Tous ces produits se vendent en grande partie, en France. Après Paris, Lyon est le premier centre de production pour la bijouterie & la joaillerie; car Marseille, Toulouse & Bordeaux ne fabriquent que quelques pièces d'une valeur insignifiante, dont l'écoulement s'opère dans un rayon restreint.

Douze maisons, à Lyon, fabriquent le bronze. Elles emploient plus de cinq cents ouvriers, & fournissent à la consommation pour une somme qui n'est pas moindre de 1,500,000 francs. Ce chiffre a sa valeur, si l'on considère que les fabricants lyonnais se sont à peu près confinés dans le bronze d'église. Ils exécutent avec une supériorité marquée les pièces courantes, dont le bas prix étonne; ce qui ne les empêche pas d'aborder tous, non sans succès, depuis quelques années, le bronze imité du Moyen-Age; l'un d'eux, même, n'a été devancé par personne dans cette voie. Leurs marchés font partout, mais principalement en France, comme pour la bijouterie & l'orfévrerie, & au midi plutôt qu'au nord.

On le voit par cette ftatiftique rapide, l'avenir de la bijouterie eft brillant. Quant à l'orfévrerie & aux bronzes d'églife, leur profpérité doit grandir auffi, placés comme ils font dans un milieu qui leur eft merveilleufement approprié. En effet, Lyon eft, fans contredit, la ville la plus religieufe de l'Europe catholique, & fi fa piété eft généreufe, l'infpiration artiftique ne lui manque pas : Victor Orfel & Hippolyte Flandrin y font nés, &, avec eux, l'art chrétien moderne. A un point de vue plus pratique, il faut remarquer auffi que toutes les induftries, qui ont trait aux vêtements facerdotaux & à la décoration des églifes, y font complètement repréfentées, — qu'il s'agiffe des vafes facrés & des bronzes, ou des fontes de fer; des fculptures, des verrières ou des broderies, des paffementeries d'or & d'argent, — & de ces étoffes fans rivales deftinées au culte. Ce concours de profeffions qui fe combinent & s'entr'aident, fait de Lyon un marché unique, digne de fixer l'attention du Jury international.

Ce qui a manqué trop longtemps aux fabricants & à leurs collaborateurs, pour les métaux ouvrés, ce font les moyens de s'inftruire, fi abondants à Paris. Aujourd'hui, l'Ecole de Saint-Pierre, qui formait uniquement des graveurs, des peintres & des deffinateurs pour les foieries, s'eft adjoint un profeffeur diftingué, M. Jourdheuil, qui y démontre l'ornement appliqué à toutes les parties du mobilier. Complétant cette amélioration, la Société d'enfeignement profeffionnel permet aux adultes de perfectionner, le foir, leur éducation artiftique. Enfin, outre le mufée & la bibliothèque de Saint-Pierre, très-riches déjà, un musée spécial des arts industriels a été créé par la Chambre de commerce, présidée par M. Brosset, sur le rapport de M. Natalis Rondot, & placé sous la direction de M. Jourdheuil. Là, le fabricant, l'ouvrier, peuvent épurer leur goût, élever leur idéal, dans la contemplation & l'étude des chefs-d'œuvre moulés ou photographiés, — & même d'un certain nombre de pièces originales acquises par la Chambre de commerce, ou confiées temporairement par divers amateurs de la ville, comme on le fait à Londres, pour le musée-type de South-Kensington. La lacune est donc comblée à souhait.

Une dernière réflexion à ce sujet.

Au nombre des causes qui empêchaient, à Lyon, l'essor artistique de la fabrication des objets religieux, il faut encore noter l'abstention des architectes lyonnais, dont l'influence ne se faisait que rarement sentir. Aujourd'hui, suivant l'exemple donné à Paris par des architectes célèbres, MM. Violet-le-Duc, Questel, Lassus, etc., ils s'occupent du mobilier religieux, & ils y apportent, ce nous semble, avec leur science du dessin, un style personnel, expression d'une école distincte, bien caractérisée.

Pour sa part, la maison Armand-Calliat est fière d'avoir conquis la collaboration précieuse de M. Pierre Bossan, de M. Clair Tisseur, de M. Charles Franchet, architectes, qu'elle voudrait pouvoir louer à son gré, — & qu'elle ne peut que remercier ici. Et lorsqu'elle compte tous ceux unis à ses ateliers pour soutenir l'Orfévrerie lyonnaise au grand concours de 1867, architectes, sculpteurs, parmi lesquels des statuaires comme MM. G. Bonnet & Dufraîne, — elle se dit qu'elle a fait au moins une chose bonne en devenant ainsi le centre où aboutissent des efforts si divers, — efforts dont la continuité, encouragée par le Jury international, peut fixer les deſtinées de cette induſtrie à Lyon.

Si nous ne craignions pas qu'on nous ſuppoſât l'intention de raſſurer des intérêts qui, à bon droit, ne s'alarment guère, nous dirions comment la proſpérité croiſſante de l'Orfévrerie lyonnaiſe profiterait aux deux centres, à un moment donné. Nos confrères de Paris ſavent bien que ce n'eſt pas Lyon qu'il faut regarder, mais un grand peuple voiſin. L'Angleterre produit cinq fois plus d'orfévrerie que Paris; le goût de l'orfévrerie riche plus répandu ; l'abondance des capitaux qui permet aux fabricants Anglais de préparer des aſſortiments énormes ; le monopole des tranſports qui jettent quotidiennement ſur les marchés de Londres & de Birmingham des acheteurs qu'on ne nous rend qu'après les avoir fournis, telles ſont, — croyons-nous, les raiſons de cette ſupériorité dans le chiffre de la production. Les inſtitutions de crédit, en ſe perfectionnant en France, le libre échange & les lignes maritimes déjà créées dans nos ports rétabliront un jour l'équilibre, & cela ſans rien enlever à nos rivaux, en vertu de la progreſſion conſtante des beſoins, activée par la facilité des rapports. Alors il ſerait utile que Lyon offrît un grand marché d'orfévrerie avec des produits originaux, bornés, ſi l'on veut, comme ils le ſont aujourd'hui, au mobilier eccléſiaſtique, mais qui, dans ſa ſpécialité, complèterait, en le variant, le beau choix offert par la fabrication Pariſienne.

II

DES ORIGINES DE L'ORFÈVRERIE A LYON

ONSIEUR Natalis Rondot, dans son rapport sur le projet aujourd'hui réalisé d'un Musée d'art & d'industrie à Lyon, rappelle que Lyon « avait déjà sous la domination romaine des fondeurs, des ciseleurs & des potiers fameux; il était fier de ses monnaies. Au Moyen-Age, il était renommé pour l'orfèvrerie d'église, le travail au repoussé & ses ouvraisons délicates & si diverses de l'or trait, pour lesquelles il devait bientôt l'emporter sur Damas, Chypre & Milan. L'argue date du règne de Charles VII, &, sous Louis XIV, le père Sébastien réussit à donner aux filières une précision & des qualités dont nos tireurs gardent le secret. La dinanderie eut à Lyon son berceau… »

En effet, plufieurs monuments épigraphiques appartenant à l'époque romaine conftatent que le travail des métaux précieux était une branche active de l'induftrie du vieux *Lugdunum*.

Les traditions de cette induftrie, ou plutôt de cet art, ne s'y perdirent jamais complètement ; comme antique métropole commerciale de la Gaule, Lyon, avec fes foires qui attiraient un grand concours de nations, fut en tout temps, même aux époques barbares, un grand marché où fe plaçaient en abondance des objets fe rattachant à la toilette des femmes, parmi lefquels les bijoux de toute forte ont toujours tenu le premier rang.

Devenu, fous la domination des archevêques, un foyer de vie religieufe qui rayonnait de l'Allemagne jufqu'en Italie ; choifi, à plufieurs reprifes, pour être le fiége de conciles qui font reftés des dates dans l'hiftoire de la chrétienté, Lyon vit fe grouper, fous la tutelle de fon clergé, à l'ombre de fes églifes, toutes les induftries qui s'emploient à la fabrication du mobilier & des uftenfiles de culte ; l'orfévrerie religieufe y eft née des befoins même du temps.

Toutefois les preuves de cette fplendeur paffée ne font pas faciles à retrouver. Les œuvres de nos pères ont difparu probablement dans les guerres de religion ; nous en avons vainement cherché la trace dans les catalogues des cabinets célèbres. Le tréfor de la cathédrale de Lyon, de création récente, compofé à loifir par un Prélat illuftre, contient quelques pièces remarquables : calices, ciboires, reliquaires, croffes de toutes provenances ; nous n'y avons pas vu une feule pièce qu'on puiffe attribuer avec certitude à l'ancienne orfévrerie lyonnaife.

Les documents font rares auffi. Les archives des fabriques

paroiſſiales de Lyon ne nous ont pas fourni les mémoires, les quittances qui nous euſſent donné des deſcriptions, des prix & des noms. En préſence de ce dénûment complet, nous devons nous borner à rappeler la tradition qui nous montre l'orfévrerie d'égliſe à Lyon comme une des gloires du Moyen-Age. Nous avons été plus heureux en dirigeant nos recherches d'un autre côté, &, grâce à l'obligeance de quelques érudits : M. Gauthier, archiviſte de la ville de Lyon; M. Rolle, archiviſte-adjoint, & un écrivain dont nous reſpectons l'anonyme, — qui a bien voulu nous communiquer le manuſcrit d'un Mémoire ſur les arts induſtriels à Lyon, au XVIe et au XVIIe ſiècle, — nous pouvons citer un certain nombre d'orfévres lyonnais.

Nous reproduiſons ces renſeignements par ordre de date.

Au XIIIe ſiècle, les ſceaux des comtes de Forez, des archevêques, des monaſtères de Lyon, tous gravés par des artiſtes lyonnais, témoignent d'un goût, d'une ſûreté de main, qui les rendent bien ſupérieurs à ceux exécutés à la même époque dans les provinces du Nord & du Midi de la France.

La dinanderie eſt d'origine lyonnaiſe. On ſait que la dinanderie eſt une ſorte de chaudronnerie hiſtoriée qui appliqua bientôt ſes « releveures & ciſeleures » à l'or à l'argent, en exécutant des pièces d'une grande valeur artiſtique. Les dinandiers lyonnais devinrent ainſi de véritables orfévres, & des meilleurs, puiſqu'ils repouſſaient des bas-reliefs ſur le métal. Ce ſont eux qui, vers le XIVe ſiècle, importèrent leur art dans les Flandres, où ils enrichirent de leurs œuvres les tréſors des Abbayes & des ducs de Bourgogne.

Quand un roi ou un prince venait à Lyon, & qu'il lui était fait une réception ſolennelle, il était d'uſage de lui offrir de riches préſents, au nombre deſquels ſe trouvaient, le plus fouvent, des pièces d'orfévrerie. Charles VI, en 1389, reçut fix pots, fix douzaines de coupes d'argent, aux armes du roi, « très-bien dorées & émaillées. » Le frère du roi, comte de Touraine, en reçut fix douzaines, également dorées & émaillées. Ces pièces fortaient-elles des ateliers lyonnais ? Cela eft probable, quoique les hiftoriens fe taifent à cet égard.

On lit dans les comptes royaux de Charles VII (1420), publiés par M. Vallet de Viriville, le nom d'un fieur Jacquier, lyonnais, orfévre de Madame la Dauphine, Marie d'Anjou, qui exécuta, pour le compte de la caffette royale, la garniture d'une épée, — plus les « découpeures en argent doré, des manches d'une robbe à armer. »

Au xve fiècle, nous rencontrons une véritable dynaftie d'orfévres lyonnais, celle des Le Père. Il faut citer particulièrement Loys Le Père & Jehan, fon fils. Ce dernier fut chargé par les confeillers de la ville d'exécuter, fur les deffins de Jean Perréal, auffi de Lyon, une pièce d'orfévrerie offerte à Anne de Bretagne, en 1494, lors de fon paffage à Lyon. C'était « un beau lion d'or, bien fait, bien tiré, affis fur fes feffes, & de fes deux plotes, tenant une belle coppe d'or, à la façon ancienne, telle qu'on la peint ès trois Roys (Mages). » C'eft encore un Le Père & Nicolas Leclerc, fon gendre, qui gravèrent les coins de cent médailles d'or, à l'effigie du roi & de la reine Anne de Bretagne, que les confeillers mirent « dans la dicte coppe avec une terguette (bouclier) çainte, fur fon coufté, d'une belle çainture d'or, aux armes de la Royne . » La médaille, qui eft fort belle, eft connue par fes moulages & par la gravure du tréfor de *Glyptique & de Numifmatique*.

Vers le même temps, & pour la première entrée du Roi

Charles VIII, Jehan Le Père avait orfévré « un porte efpic d'or », qui fut donné à ce fouverain par la ville de Lyon.

Cependant c'eft au milieu du XVIe fiècle que l'orfévrerie lyonnaife parvint à fon plus haut degré de renommée. Les fourneaux du Puy-en-Velay, de Metz, de Bourges, &c., autrefois célèbres, étaient à peu près éteints. La grande école de Limoges avait renoncé aux émaux d'orfévres pour les émaux peints qui devaient lui rendre un nouvel éclat. Lyon, au contraire, progreffait fous l'action bienfaifante de la renaiffance qu'il avait été le premier à reffentir, foit à caufe du voifinage de l'Italie, foit par fuite des émigrations entretenues par les divifions inteftines des républiques italiennes, émigrations qui firent fa fortune, d'ailleurs, en lui apportant la connaiffance du tiffage de la foie.

Ce fait n'échappe pas à l'auteur du manufcrit déjà cité, — il nous montre les orfévres lyonnais, fous l'influence des maîtres italiens, délaiffant la joaillerie fi recherchée au fiècle précédent, pour s'occuper de la *grofferie ;* & il ajoute que l'orfévrerie, en fe transformant, fe rapproche peut-être plus encore de l'art pur : ainfi qu'on le voyait depuis longtemps en Italie, en Allemagne, elle fe confond avec la fculpture, la ftatuaire, & exécute des figures d'argent au repouffé avec cette habileté rare dont les dinandiers lyonnais avaient donné la mefure, — ornements des tables fomptueufes, des crédences & des dreffoirs.

1513-1515. Prêt à Antoine Beffon, orfévre, qui voulait frapper une médaille en or deftinée à Claude Laurencin, bailly de Riverie.

1515-1516. Coupes en or du poids de 600 & 400 écus,

deftinées l'une à la reine Claude, & l'autre à la duchefle d'Angoulême.

1516-1517. Don à l'Hôtel-Dieu, par François Obfcuri, orfévre de Lyon, d'un coffret argent contenant deux reliquaires dont l'un renfermait un fragment de la vraie croix, & l'autre une partie du doigt de Saint-Bonaventure.

1523-1524. Préfent à l'amiral Bonnivet, qui traverfait Lyon, d'une grande « efguière & un plat d'argent, le tout à perfonnages & anticailles du poids de 28 marcs une once trois quarts, & du prix de 576 livres 17 fols 2 deniers tournois ».

1529-1531. Préfent de vaiffelle d'argent, fait à Pompeonne de Trivulce, lieutenant du gouverneur de la ville, pour fervices rendus pendant les derniers troubles populaires, qu'on défigne fous le nom de *grande rebeine*.

1531-1534. Marché paffé avec Jérôme Henri, orfévre de Lyon, pour la fourniture de deux flacons d'argent doré, deftinés au même perfonnage.

1534-1537. Commande faite à Jérôme Henri, d'une nef « ou yolée d'argent pour en faire don, fuivant l'ufage, à Antoine de Bourg, chancelier de France, à caufe de fon nouvel advènement en cette ville ».

1540-1543. Préfent d'une coupe & de deux flacons d'argent doré à Jean d'Albon, feigneur de Saint-André, fénéchal & gouverneur de Lyon & pays du Lyonnais.

Ces recherches précieufes nous ont édifié fur la première moitié du XVIe fiècle. Avant d'en avoir reçu communication, nous ne connaiffions rien jufqu'à Jean Delabarre, qui, en 1548, était l'orfévre ordinaire de MM. les Confeillers de la ville qui lui « baillèrent à priffaict de faire & parfaire bien & deuement, à dicte de maiftres à ce expers & cognoiffants, deux yftoires, en or, l'une pour faire don & préfent au Roy (Henri II) en fon entrée prochaine en cette ville, où il y aura écrit deffoubs : *Fidei libertatis publici ;* le tout étant fur une baffe (piédeftal) & l'aultre pour faire don & préfent à la Royne, où il y ayt une Royne affize en une chaire tenant deux cornets d'abondance, &c. »

Nous ne manquerons pas de noter, en paffant, une particularité qui honore également MM. les Confeillers & l'orfévre Delabarre. Celui-ci avait fait fubir divers changements à la compofition prefcrite, afin de l'améliorer, & il en était réfulté une augmentation de travail. Pour lui témoigner fa fatisfaction, le Confulat ajouta 23 livres au 300 convenues « à priffaict ».

D'après le Père Colonia, la corporation des orfévres lyonnais comptait au XVIe fiècle 226 membres. Ils figuraient dans le cortége du roi Henri II (1548). La richeffe de leur uniforme, femé de croiffants d'argent maffif, les fit remarquer.

La bannière des orfévres de Lyon était de gueules, à une croix dentelée d'or & cantonnée au 1 & au 4 d'une couronne de même, & au 2 & au 3 d'une coupe couverte, le tout d'or, & un chef d'azur femé de fleurs de lys d'or. Elle reffemble fort à celle des orfévres de Paris ; en mettant la boîte couverte au 1 & au 4, la couronne au 2 & au 3, on a la même bannière.

C'est en 1560 que Pierre Woeiriot, artifte lorrain, qui a laiffé un nom dans l'orfévrerie, vint s'établir à Lyon, où il fit, « dans le goût italien, tant de bijoux charmants. » Le mufée de cette ville n'a de cet artifte qu'un plat & une buire d'étain.

Nous conftatons, au xvie fiècle, la décadence de l'orfévrerie religieufe lyonnaife, & on doit l'attribuer aux guerres civiles qui enfanglantèrent notre ville à cette époque. Les extraits qui précèdent établiffent, dans tous les cas, que nos échevins avaient rarement occafion de commander des vafes facrés ; & il faudrait poffèder les comptes des églifes & des couvents pour favoir s'ils ne firent rien afin de détourner les orfévres lyonnais de la pratique exclufive de l'art profane. Cependant nous trouvons en 1582 un des rares fouvenirs fe rattachant à l'orfévrerie religieufe, qui ait été découvert dans nos annales : fous Henri III, la ville de Lyon offrit à N.-D. de Lorette, pour l'accompliffement d'un vœu, un beau calice d'argent doré, un baffin, deux grandes burettes d'un travail exquis. Rubys, qui rapporte le fait dans fon *Hiftoire de Lyon*, décrit minutieufement les fujets qui décoraient ces pièces, la patène où l'on voyait la ville repréfentée « au naturel » ; il n'oublie que le nom de l'orfévre qui fut honoré de la commande de MM. les Confeillers. Etait-ce Pierre Woeiriot? Les dates permettent de le fuppofer. Dans tous les cas, des « miffeaux » ayant été offerts en même temps, les garnitures qui les ornaient furent exécutées par Jean Le Fèvre au prix de « cinq écus d'or au foleil. »

1585. — Mandement de 81 écus d'or au foleil, & 47 fols tournois à Martin de Maline, orfévre à Lyon, pour un vafe d'argent vermeil, doré & cifelé, pefant 5 marcs, 3 onces & 15 deniers, donné à M. de la Mante, Michel-Antoine de Saluce, gouverneur de la citadelle.

Dans les dernières années de ce fiècle, nous trouvons le fouvenir d'une des œuvres les plus importantes dues à l'orfévrerie lyonnaife. C'eft à l'occafion du paffage du roi Henri IV en fa bonne ville de Lyon, que Louis Berthier & Frédéric Bonnard, orfévres, furent chargés d'exécuter le groupe allégorique, en or, qui fut offert par les Confuls & les Echevins : ce groupe repréfentait le roi « fur un thrône royal, jetant d'une main de l'eau fur des feux, de l'autre donnant deux rameaux d'olivier & de grenade à un lion, qui, rompant fes doubles chaînes, & profterné à fes pieds, lui offrait une couronne de gramen. »

Après le XVIe fiècle, la profpérité de l'orfévrerie lyonnaife fe prolonge encore ; mais fi fes produits font toujours nombreux, ils perdent de leur originalité. Toutefois les archives nous donnent fur cette induftrie, à cette période, des renfeignements qu'il faut retenir.

1608. Mandement de 4766 livres 7 fous 6 deniers à André de Ligonet, pour le prix d'une boîte d'orfévrerie par lui faite, enrichie d'un grand nombre de diamants. Ce joyau avait été offert à Madame d'Halincourt, le lendemain de fon arrivée à Lyon.

1609. Mandement de 3987 livres tournois à Henri Migret, orfévre de Lyon, pour le prix de pièces d'argenterie qui lui avaient été commandées expreffément pour Madame d'Halincourt, en confidération de ce que fon mari avait « permis au Confulat d'être parrain d'un de fes fils, & de le nommer Léon-François du nom de la ville, & de celui de fon aïeul maternel, le feu gouverneur de Mandelot.

1622. Préfent fait à Louis XIII d'un lion affis fur un piédeftal tenant de fes pattes de devant un écuffon où le roi était repréfenté en Jupiter foudroyant les géants. Préfent fait à la reine d'un lion affis, tenant femblablement un écuffon où était repréfentée une reine endormie.

Mandement de 5312 livres tournois à Gabriel Mégret & Durand Arnaud, orfévres de la ville, pour ces deux groupes en or.

La lifte des noms fera épuifée quand nous aurons cité Etienne Bonfonnet de la famille des Stella, & Bernadin Simonnet, qui abandonna Lyon pour aller s'établir à Paris, où il devint orfévre-joailler du Roi, de 1656 à 1660; & Claude Warin, fculpteur & graveur de monnaie, auteur des quatre médaillons de bronze qui décoraient, avant la Révolution, l'Hôtel-de-Ville de Lyon, & que M. Desjardins, architecte, vient de reftituer, d'après des médailles correfpondantes. Claude Warin n'était pas lyonnais, mais il fe fixa à Lyon par fuite d'une décifion du Confulat, prife en fa faveur le 19 décembre 1651.

A mefure que l'on avance vers les temps plus modernes, on fent que, grâce à la centralifation qui fe fortifie & tend à abforber par degrés toutes les activités, le travail des orfévres de province eft relégué au fecond plan ; leur nom refte inconnu. Bernadin Simonnet avait montré le chemin de Paris, d'autres l'ont fuivi, & cette induftrie, qui comptait 226 membres au cortége du Roi Henri II, eft réduite aujourd'hui des trois quarts.

On a vu que dès le xive fiècle Lyon poffédait des ateliers pour l'affinage & l'étirage de l'or. On y frappait des monnaies. « Pendant les deux derniers fiècles, fes fondeurs-racheveurs & doreurs étaient réputés les plus habiles. » Toutes ces induftries qui touchent à l'orfévrerie contribuèrent avec celle-ci à former un enfemble induftriel fpécial qui a laiffé fes traditions à Lyon.

Le travail des métaux précieux fe pratiquait dans les maifons qui occupent maintenant l'emplacement du quai Villeroy, & dans celles qui fe voyaient aux deux extrémités du pont du Change. On defcendait de ces maifons dans la Saône même pour opérer, dans fes eaux, le lavage des métaux ; — circonftance qui expliquerait pourquoi les *ravageurs* ont confervé l'habitude de diriger, de préférence, au temps des baffes eaux, leurs recherches vers cet endroit, dans l'efpoir d'y recueillir, fur la foi des vieilles légendes locales, des parcelles d'or. Jufque dans ces derniers temps, l'induftrie de l'orfévrerie eft reftée fidèle au quartier qui fut fon berceau féculaire.

III

DESCRIPTION DE L'EXPOSITION
DE LA MAISON ARMAND-CALLIAT.

La vitrine eſt diviſée en trois groupes principaux : au centre, l'Oſtenſoir de Notre-Dame de la Garde & la Chapelle épiſcopale.
A droite du ſpectateur, la Châſſe, ſurmontée de la Statue de ſaint Pierre.
A la gauche, la Garniture & les Fragments d'autel.

PREMIER GROUPE
Oſtenſoir de Notre-Dame de la Garde & Chapelle épiſcopale.

CES pièces, en harmonie de ſtyle, ont été exécutées ſur les deſſins de M. Pierre Boſſan, architecte : elles occupent le centre de la vitrine avec quelques objets, d'un goût tout différent, unis, entièrement émaillés, où l'orfévre, ſervi par un émailleur accompli, M. A. Geffroy, s'eſt appliqué à obtenir le plus grand effet poſſible par les profils & la valeur des tons, ſans l'aide des reliefs. Les perfonnages de ces vafes champlevés ont été deffinés par M. Gafpard Poncet, peintre, lyonnais, comme tous les artiftes architectes, deffinateurs, fculpteurs, ftatuaires, qui fecondent la maifon Armand-Calliat.

L'oftenfoir de Notre-Dame de la Garde procède du modèle fans rayons que la maifon avait expofé à Londres; toutefois, il ne le reproduit qu'avec des modifications de lignes, de détails, de décoration, qui en font un oftenfoir tout nouveau, approprié à la deftination qu'il reçoit, &, nous le croyons, digne d'elle. C'eft l'œuvre fignée par M. Boffan; pour les autres pièces de la chapelle qu'il n'a pu revoir, la maifon Armand-Calliat revendique une refponfabilité qui n'enlèvera rien à M. Boffan, fi fes efforts, pour l'interpréter, ont réuffi.

Une defcription détaillée de cette chapelle eft fans doute inutile. Indiquons feulement à grands traits le fens des principales compofitions :

OSTENSOIR. — C'eft le Chrift préfenté au culte par fa mère, — & adoré, à la bafe, par les anges terreftres, dans la gloire par les neuf chœurs céleftes : le facrifice & l'adoration. Sur le nœud, deux colombes, images des âmes chrétiennes qui afpirent à la communion. Sa ftatuaire, fes ornements, fes rinceaux de vigne, fes jets de blé, tout concourt à faire de cet oftenfoir le poëme de l'Euchariftie. Il porte plus de deux mille cinq cents pierreries fines : fruits en cornaline antique, émeraudes, rubis; topazes brûlées fur les branches rayonnantes, aigues-marines conftellant les rinceaux : la rofée fur les pampres! & la piété marfeillaife l'a encore enrichi de pierres précieufes d'un grand prix, qu'on a concentrées fur la croix, la lunette & le groupe de la Sainte Vierge. L'éclat de cette décoration complète fon fymbolifme, en lui donnant la lumière, bien mieux que ne le ferait la difpofition conventionnelle des rayons de métal.

CALICE. — C'eft la vigne qui germe du pied où font adoffées les ftatuettes d'Abel, d'Abraham, de Noé, pour aller étendre fes rameaux fur la coupe, autour du Crucifié : *Ego fum vitis vera*, &c.

CIBOIRE. — A fa bafe font quatre dragons « les ennemis de la colombe, » vaincus & fuyants. Sur le nœud, des anges agenouillés, qui portent la moiffon euchariftique & la faucille d'or. A la coupe, les colombes, à robes d'or, figurent, dans les rinceaux chargés de blé, la communion des fidèles. Entre elles, fe dreffent des aigles, dont une infcription, placée fur le couvercle, explique la préfence : *Ubicum que fuerit corpus*, &c. Au fommet, c'eft l'agneau du facrifice, avec le nimbe crucifère, mais fans la banderolle, figne du triomphe.

CROSSE. — Elle fe lit plus aifément encore. A la hampe, les panthères s'élancent fur le troupeau que fauvera le Bon Pafteur, debout & calme, appuyé fur la volute. C'eft là tout le drame. Qu'on nous permette d'infifter fur le fini précieux de cette croffe, dont toutes les parties, & jufqu'au bâton couvert d'arabefques émaillées, ont été traitées avec la volonté sincère de produire une œuvre vraiment artistique.

AIGUIÈRE ET PLAT. — Tout y parle : les dauphins, attributs des chrétiens, allant au Christ & à l'Eglise, figurés au centre, par le poisson & la nef; les cerfs ailés de l'aiguière, cherchant l'eau qui désaltère ou purifie, — & jusqu'au lézard penché sur le vase, qui, selon le *bestiaire* du Moyen-Age, répète aussi l'idée de rajeunissement, de purification, parce qu'il se dépouille comme tous les sauriens.

CROIX PROCESSIONNELLE. — Le Christ Rédempteur & Roi. Deux anges reçoivent le sang qui coule de ses blessures. Moins détaillée, à dessein, que la crosse, mais d'un effet très-large, elle compte aussi parmi les pièces capitales de la vitrine.

Les autres pièces, plus secondaires, peuvent se passer d'une monographie, & il ne nous reste plus qu'à nommer ceux qui nous ont aidé :

M. G. Bonnet a modelé deux figures de l'ostensoir : M. Dufraîne a fait les autres, aidé de M. Revérand, sculpteur, attaché depuis quinze ans à la maison Armand-Calliat. Les cires du Bon Pasteur & des panthères de la crosse sont entièrement de la main de M. Dufraîne. Les modèles d'ornements sont de MM. Revérand & Bador. La ciselure des statues, de M. Hervier-Méray, apprenti de la maison, & qui ne l'a jamais quittée. Les autres ciselures, de MM. Adolphe Frémonteil, Pétrus Burnolle, Ant. Siaux, Fery, Desfournaux, Ernest Meunier, Sibénaller, &c. L'orfévrerie de MM. Charlin, Hugonnet, Fuchet, Volker, &c., tous lyonnais, ou coopérateurs depuis longtemps. Tous les émaux exposés dans la vitrine ont été exécutés par M. Geffroy, collaborateur assidu des neuf dernières années. Les programmes, les dessins, les pièces elles-mêmes de la maison Armand-Calliat ne lui ont pas épargné les difficultés ; mais ce n'était pas trop demander à sa rare habileté.

M. Jules Frémonteil, contre-maître.

DEUXIÈME GROUPE.

Châsse. — Croix processionnelle. — Saint-Pierre.

Ce groupe, à droite du spectateur, comprend, en première ligne, la grande CHÂSSE & la CROIX composées par M. Clair Tisseur, architecte. Au-dessus, s'élève la statue de saint Pierre, modelée par M. Dufraine, ciselée par M. Hervier-Méray. Elle est placée sur un socle de marbre statuaire dessiné par M. Bossan, exécuté par M. Clausès.

La châsse & la croix sont conçues dans le style du XIIIe siècle, & traitées comme aux belles époques du Moyen-Age : matières précieuses, pierres fines, émaux, statues d'ivoire d'un goût archaïque, rien n'a été omis, pour que l'exécution fût digne des beaux dessins de M. Clair Tisseur. Les modèles & les ivoires sont de M. Moullé. Les ciselures de MM. Miard, Richard, Chapuis, Delettre & Martial Gauthier; l'orfévrerie de MM. Hugonnet, R. Zacharie, Loifeau & Thibault.

TROISIÈME GROUPE.

Tabernacle. — Expofition. — Chandeliers & Croix d'autel.

Le troifième groupe, à gauche du fpectateur, eft formé par les fragments d'AUTEL, CHANDELIERS, & CROIX relevée d'ivoires, dont les deffins nous ont été fournis par M. Charles Franchet, architecte, à qui la maifon doit encore les deux petits chandeliers à chaînettes placés près de la grande chapelle épifcopale, un encenfoir & une lampe. Le tabernacle & fa niche, féparés de l'autel qui juftifie leurs proportions, confervent, du moins, leur valeur propre, par l'ampleur & la grâce de leur ornementation. Ils ont été modelés par M. Rey. Les grands chandeliers & la croix par M. Claufes; les petits par M. Cathabard. La ftatuaire eft de M. Dufraîne. Cifeleurs: MM. Geay, Le Grand, Rouffille, Richard, & L. Chambaud. Monteurs: MM. Dugelay, Rivier & Vianay. M. Royer a exécuté les ivoires de la croix fur les modèles de M. Dufraîne.

Ces trois groupes font reliés par divers objets plus ou moins importants. Nous fignalerons principalement, du côté de la châffe, l'oftenfoir de Saint-Bonaventure, de Lyon, que fa richeffe & l'harmonie de fa décoration ont fait accepter, même de ceux qui proscrivent, dans les ostensoirs, la forme monumentale. Ses figures composent une triologie : *Gaudium — Dolor — Gloria*, marquée par le pied, le nœud & la gloire rayonnante. La crosse émaillée, qui reproduit, à une figure près, celle que la maison Armand-Calliat a exécutée pour Mgr Mermillod « crosse où s'enlacent l'olivier de la paix, les lys & les roses, grâces promises au pasteur, signes de la pacifique victoire remportée sur l'impiété, qui fuit, vers la hampe, sous la forme de monstres ailés. » L'aiguière, la jatte, le calice, les burettes & l'ostensoir aux Evangélistes, en harmonie avec cette crosse, sont revêtus, comme elle, d'émaux, de cornalines & d'onyx. L'ostensoir n'est autre que le diminutif du modèle livré à la nouvelle église catholique d'York (Angleterre.)

Du côté du tabernacle, se trouve l'ostensoir d'Ecully, — pièce importante, exécutée avec un fini consciencieux. C'est l'arbre de Jessé, — la vigne s'élevant sur la tour de David & s'épanouissant dans la gloire en rinceaux touffus, qui entourent les Apôtres, les Evangélistes & saint Jacques, ces premiers travailleurs de la vigne symbolique. Devant cet ostensoir est la crosse aux fleurs d'olivier, qui porte un serpent & une colombe « *Estote ergo prudentes, sicut serpentes & simplices sicut columbæ*. Plus loin est une autre crosse, où un fruit — une grenade — éclate, & laisse voir deux cents rubis — emblême de la charité qui s'immole. Et, sur le premier plan, du même côté, pour faire le pendant de l'ostensoir aux Evangélistes, est placé un autre ostensoir, également sans rayons, enrichi d'émaux & de pierres fines.

Enfin, çà & là, sont exposés des vases sacrés ornés d'émaux en taille d'épargne, d'autres plus simples ; puis, tout une férie de modèles granulés, rappelant les effets du filigrane, peut-être avec plus d'art, puifqu'ils font cifelés. Un critique éminent les caractérife ainfi : proportions juftes, profils purs, harmonie calme, fimplicité dans l'élégance, & difcrétion dans la richeffe .. Le plus riche, dans ce genre, eft le calice porté par les lions de Juda, exécuté pour l'églife de Saint-Didier-fous-Riverie. Les couronnes de Notre-Dame de Fourvières, expofées auffi, font traitées dans le même goût, avec ce mélange d'émaux & de pierres fines dont les cifelures granulées adouciffent l'éclat.

Bien que fa vitrine contienne un certain nombre d'oftenfoirs, calices, burettes, ciboires, &c., la maifon Armand-Calliat n'a pu donner une idée complète de la variété de fa fabrication. Elle a dû fe limiter pour éviter, autant que poffible, la monotonie réfultant de la fimilitude des objets.

Toute l'orfévrerie expofée, à l'exception de la garniture & des fragments d'autel, eft en argent. Les pierres qui la décorent font fines, les émaux au feu ; & la plupart des pièces riches font exécutées directement, fans eftampages, comme l'orfévrerie des grandes époques de l'art chrétien.

ARMAND-CALLIAT.

www.ingramcontent.com/pod-product-compliance
Lightning Source LLC
Chambersburg PA
CBHW060531050426
42451CB00011B/1732